Pedro Calderón de la Barca

El desafío
de Juan Rana

Barcelona **2024**
Linkgua-ediciones.com

Créditos

Título original: El desafío de Juan Rana.

© 2024, Red ediciones S.L.

e-mail: info@Linkgua-ediciones.com

Diseño de cubierta: Michel Mallard.

ISBN rústica: 978-84-9816-406-0.
ISBN ebook: 978-84-9953-089-5.

Sumario

Créditos _____ **4**

Brevísima presentación _____ **7**
   La vida _____7

Personajes _____ **8**

Acto único _____ **9**

Libros a la carta _____ **19**

Brevísima presentación

La vida

Pedro Calderón de la Barca (Madrid, 1600-Madrid, 1681). España.

Su padre era noble y escribano en el consejo de hacienda del rey. Se educó en el colegio imperial de los jesuitas y más tarde entró en las universidades de Alcalá y Salamanca, aunque no se sabe si llegó a graduarse.

Tuvo una juventud turbulenta. Incluso se le acusa de la muerte de algunos de sus enemigos. En 1621 se negó a ser sacerdote, y poco después, en 1623, empezó a escribir y estrenar obras de teatro. Escribió más de ciento veinte, otra docena larga en colaboración y alrededor de setenta autos sacramentales. Sus primeros estrenos fueron en corrales.

Lope de Vega elogió sus obras, pero en 1629 dejaron de ser amigos tras un extraño incidente: un hermano de Calderón fue agredido y, éste al perseguir al atacante, entró en un convento donde vivía como monja la hija de Lope. Nadie sabe qué pasó.

Entre 1635 y 1637, Calderón de la Barca fue nombrado caballero de la Orden de Santiago. Por entonces publicó veinticuatro comedias en dos volúmenes y La vida es sueño (1636), su obra más célebre. En la década siguiente vivió en Cataluña y, entre 1640 y 1642, combatió con las tropas castellanas. Sin embargo, su salud se quebrantó y abandonó la vida militar. Entre 1647 y 1649 la muerte de la reina y después la del príncipe heredero provocaron el cierre de los teatros, por lo que Calderón tuvo que limitarse a escribir autos sacramentales.

Calderón murió mientras trabajaba en una comedia dedicada a la reina María Luisa, mujer de Carlos II el Hechizado. Su hermano José, hombre pendenciero, fue uno de sus editores más fieles.

Personajes

Juan Rana
Cosme
Bernarda
Gil Parrado
La ronda
Músicos

Acto único

(Salen Cosme y Bernarda.)

Bernarda
¿Es hora de venir, marido, a casa?
¿[...] Esto en el mundo pasa?
¿Vos tan tarde a comer? ¡Pierdo el sentido!
Decid, ¿qué ha sucedido?
¿De qué estáis elevado?   5
¿Esto hacéis a tres meses de casado?
¿Descolorido vos y descompuesto?
Decidme, ¿es pesadumbre?

Cosme
                                  No es más desto.

Bernarda
¿Qué tenéis? Que a escucharos me prevengo.

Cosme
Tengo honor y no sé lo que me tengo.   10
Hablad, y no calléis vuestra dolencia.
Mujer, [...] no traigo [...] sana la conciencia.
No os entiendo, marido. No me espanto,
Agora esto ha de ser: sacadme un manto
¿Para qué lo queréis? Rabio de enojo.   15
Impórtame [...] reñir de medio ojo.
Ya que de vuestras penas soy testigo,
¿con quién vais a reñir? Con un amigo.
¿Con un amigo? ¡Estoy de enojo ciega!
¿No veis que el más amigo es quien la pega?   20
Acabad de decillo,
que de esperallo estoy con tabardillo.
Pues yo, aunque no te alabo,
de lo que tengo en vos [...] estoy al cabo.
Sé que podéis decir, con mil placeres,   25
que en mí tenéis un molde de mujeres.

Esos son [...] los hechizos:
que diz que me ponéis algunos rizos.
¿Rizos a vos, esposo?
No lo habéis menester, que sois hermoso.   30
¡Qué cintura tenéis! Toma un higa.
Ya sé que soy galán, Dios me bendiga.
Pero dan en decir, que es lo que siento,
que os parezco mejor cuando me ausento.
Sois un terrón de necedad, marido.   35
Pues ya no lo seré, que me han molido.
¡A vos! No os espantéis que me alborote.
¿Vos molido? ¿Con qué? Con un garrote.
¿No conocéis, mujer, a Gil Parrado?
Pues tras haberme con un garrote dado,   40
solo porque yo so vuestro marido,
me dijo... ¿Qué cosa, decid? Que era sofrido.
Que erais sufrido os dijo en mi perjuicio.
Una locura tengo que es un juicio.
¿Con palo os dio que la honra tanto daña?   45
En fin, gracias a Dios, no fue con caña.
En fin, tontón, menguado,
que a mis ojos venís apaleado.
Cierto que la memoria tengo flaca,
pues no sé si era palo o [...] era estaca.   50
Santiguome de veros reportado.
Yo no, porque ya vengo santiguado.
Vos no os podéis vengar si vuestro brío
no le escribe un papel de desafío.
[...] ¡De vos me admiro!   55
Yo en el campo con nadie no me tiro.
Mirad, marido, cuanto a lo primero,
os habéis de calar bien el sombrero,
sacar la espada con gentil despecho,
entrar el pie derecho,   60

poneros recto, firme y perfilado...
¿Qué importa si él me pone de cuadrado?
[...] Luego, echalle un tajo con gran tiento,
recoger el aliento,
y con brío, que en vos no es maravilla,   65
izas! [...] tiradle a matar por la tetilla.
¿De suerte que he de entrar muy inhumano
con el pie que tuviere más a mano,
el sombrero encajado,
ponerme recto, firme y afilado,   70
entrar con tiento y izas!, darle una herida?
¿Es más? Pues esto no lo erré en mi vida.
¿Y el atajo que os dije? En mi trabajo
no salir a reñir es el atajo.
Si no salís, he de volverme loca.   75
Desafiadle vos, que a vos os toca.
Venga recado de escribir, que quiero
desafiar por vos al mundo entero.
Voy volando.

(Vase.)   Venid muy brevemente,
porque a pausas me viene el ser valiente.   80

(Sale Bernarda.)   Ya el recado está aquí. Pues mujer mía,
(Paséase.)   dobla el papel y hacelde cortesía.
                     Ya está, notad con brío.
                     Poned de buena letra: «Amigo mío...».
                     La cruz se me olvidó.

(Paseándose.)   No es maravilla.   85
                     Poné una cruz con una lamparilla.
                     ¿Con lamparilla? Sois un mentecato.
                     Digo que la pongáis por si le mato.

11

[Continúa dictando.] «Por aquesta sabréis de buena mano
que soy vuestro enemigo más que hermano; 90
y aunque vos procuréis hacerme tiros,
de cualquier modo estoy para serviros.
Si bien Gila, mi esposa,
se ha sentido estos días achacosa.»
Marido, ¿qué decís? ¿Estáis jugando? 95
Es caso [...] cierto,

(Paséase.)

[Dicta.] si Dios quiere, mujer, daldo por muerto.
«Y así sabréis por éste, amigo mío,
como plenariamente os desafío.»
¿Plenariamente vos? ¿Qué es lo que [...] veo? 100
¿No veis que riño yo por jubileo?
Por jubileo excusan las pendencias.
Pues por ello hago [...] mis diligencias.
Errado va el papel, marido, en todo.
Mujer, yo desafío de este modo: 105
«En campo os espero como un Marte».
¿Adónde he de poner? En cualquier parte.
Y si hallaros la suerte no dispone
¿qué hemos de hacer? Poned que me pregone.
Son las señas pequeñas. 110
Decid que yo le aguardo, por más señas,
en el campo esta tarde,
y acabad el papel con «Dios os guarde».
Este billete le escribiera un manco,
¿Ah, sí? Ponelde ahí mi firma en blanco, 115
y un real de porte le pondréis, que es treta,
y haced que le echen. ¿Dónde? En la estafeta.
Nada escribís, marido, que os importe.
Quiero que entienda que es papel de porte.

12

El coleto os poned para este aprieto.   120
Cuando voy a reñir, guardo el coleto.
Quedeos con Dios, mujer mía,

(Llorando.)
a reñir voy: sabe el cielo
que no lo puedo excusar.
¡Ah! ¡Cuánto dejaros siento   125
con achaques de viuda!
La reputación me ha puesto
en lance tan apretado,
que el honor es lo de menos.
Lo que os soplico, mujer,   130
es que llaméis al barbero,
y que tengáis prevenidas
estopas, hilas y huevos,
y que miréis por Juanico
que en fin, so su padre, puesto   135
que a tres meses de casado
me nació en casa de tiempo,
y adiós, que no puedo más.
Cobarde, villano, necio,
a enviar voy el papel,   140
y mirad que os aconsejo
que vengáis a verme honrado
o volváis a casa muerto.

(Vase.)
Por Dios, que esto va de veras,
no hay que dudar: esto es hecho.   145
¡Yo reñir, yo desafío!
De solo pensarlo tiemblo.
Pero, en fin, ello ha de ser.
Ya en la calle estoy: protesto
que tomara de partido   150
cien palos, real más o menos.

(Sale Gil Parrado con un papel en la mano.)

                Este papel de Juan Rana
                he tenido, mas ¿qué veo?
                ¿No es el que miro?

(Aparte.)   Cogiome
                entre puertas. Esto es hecho.   155
                Diga el muy tonto [...] menguado
                ¿cómo tiene atrevimiento
                de desafiarme a mí?
                Cierta opilación que tengo
                fue la causa. ¿Cómo ansí?   160
                Hanme dado por remedio
                que haga ejercicio y que riña
                para tomar el acero.
                Sígame. ¿Dónde me lleva?
                Al campo. Voy al momento   165
                a prevenir la merienda.
                Yo solo a reñir le llevo.
                Es que ando buscando trazas
                para matarle comiendo,
                y ha de ser con un bocado.   170
                Gracioso está. Saque presto
                la espada y tire a matarme.
                Usted piensa que es buñuelo.
                Espérese, que según
                mi mujer, he de entrar presto,   175
                y he de echalle cierto atajo.
                Pues ¿agora mira en ello?
                Yo siempre en los desafíos
                ninguna cólera tengo.

(Aparte.)   (Este es gallina. Probar   180

a ser yo valiente quiero;
[...] en efeto, he de reñir.)

(Riñen.)

¿Qué aguarda? ¡Riña al momento!
¡Pues tome este pantuflazo!
¡Hombre, detente! ¿Qué es esto?   185
¿Tú eres Juan Rana? No soy
sino un diablo del infierno.
¡Aquí de Dios, que me matan!

(Sale la justicia.)

La justicia ¿qué es aquesto?
He reñido con cien hombres: 190
los noventa y nueve huyeron,
y a éste, con la zambullida,
uñas abajo le he muerto.
¿Cómo, si está vivo? Habrá
resucitado de miedo.   195
¡Venga a la cárcel al punto!
¿De cuándo acá ha dado en eso?
Esto de la valentía
por línea recta lo tengo:
¡aquí del Rey, que me prenden!   200

(Salen todos.)

De mi esposo son los ecos.
¿Qué es esto, marido mío?
¿Ya no lo miráis? Voy preso.
¿Por qué? Porque soy valiente.
Señores, si vale el ruego,   205
dejalde, que es mi marido.
Ahora bien, por vos lo dejo.
Ea, pues acabe en baile
lo que empezó en prendimiento.

(Canta.)

Por valiente a Juan Rana   210

prenderle quieren.
Eso es lo que se saca
de ser valientes.
Ya es valiente Juan Rana,
ténganle miedo.
Para cuando las ranas
tengan más pelo.

Fin

Libros a la carta

A la carta es un servicio especializado para
empresas,
librerías,
bibliotecas,
editoriales
y centros de enseñanza;
y permite confeccionar libros que, por su formato y concepción, sirven a los propósitos más específicos de estas instituciones.

Las empresas nos encargan ediciones personalizadas para marketing editorial o para regalos institucionales. Y los interesados solicitan, a título personal, ediciones antiguas, o no disponibles en el mercado; y las acompañan con notas y comentarios críticos.

Las ediciones tienen como apoyo un libro de estilo con todo tipo de referencias sobre los criterios de tratamiento tipográfico aplicados a nuestros libros que puede ser consultado en Linkgua-ediciones.com .

Linkgua edita por encargo diferentes versiones de una misma obra con distintos tratamientos ortotipográficos (actualizaciones de carácter divulgativo de un clásico, o versiones estrictamente fieles a la edición original de referencia).

Este servicio de ediciones a la carta le permitirá, si usted se dedica a la enseñanza, tener una forma de hacer pública su interpretación de un texto y, sobre una versión digitalizada «base», usted podrá introducir interpretaciones del texto fuente. Es un tópico que los profesores denuncien en clase los desmanes de una edición, o vayan comentando errores de interpretación de un texto y esta es una solución útil a esa necesidad del mundo académico.

Asimismo publicamos de manera sistemática, en un mismo catálogo, tesis doctorales y actas de congresos académicos, que son distribuidas a través de nuestra Web.

El servicio de «libros a la carta» funciona de dos formas.

1. Tenemos un fondo de libros digitalizados que usted puede personalizar en tiradas de al menos cinco ejemplares. Estas personalizaciones pueden ser de todo tipo: añadir notas de clase para uso de un grupo de estudiantes,

introducir logos corporativos para uso con fines de marketing empresarial, etc. etc.

2. Buscamos libros descatalogados de otras editoriales y los reeditamos en tiradas cortas a petición de un cliente.

www.ingramcontent.com/pod-product-compliance
Lightning Source LLC
Chambersburg PA
CBHW020451030426
42337CB00014B/1499